De la 6$^{e}$ à la 5$^{e}$

11-12 ans

# The Refuge in Danger

**Bérengère Michel**
écrivain

Illustré par
**François Foyard**



Nathan

# Présentation

→ **Je lis un récit fantastique en anglais entrecoupé d'exercices de :**
- compréhension (corrigés à la fin de chaque chapitre) ;
- grammaire.

→ **Je m'aide de la traduction :**
- des mots difficiles signalés par un astérisque* ;
- des verbes irréguliers signalés par un numéro (voir la liste page 92).

→ **Je résous des exercices**
qui permettent de reconstituer l'histoire.

→ **Je vérifie ma réponse :**
- elle est juste → j'accède à la suite de l'histoire ;
- elle est fausse → le corrigé me guide pour refaire l'exercice.

→ **Je consulte le mémo en fin d'ouvrage :**
il explique la notion abordée dans l'exercice.

→ **Je regarde la table des matières (p. 94-95)**
pour connaître tous les points du programme abordés dans les exercices.

→ **Je note les indices sur la page 93 :**
un par chapitre, ils prouvent que l'enquête avance et que l'histoire est bien comprise.

**Édition :** MT Valakoon
**Maquette intérieure :** Julie Lannes
**Composition :** Linéale
 - ISBN : 978-2-09-189444-7

# 1

# A little paradise for animals

1

There is a small town named Saint Levan, in the South of Cornwall, in England, where Emma Dickinson lives with her parents in a refuge. She is twelve years old with no brothers and no sisters. She has a passion: her love for animals. Her parents and she want to help animals in distress. This is why they created that warm and welcoming refuge on the large land of Emma's mother. They heal* and feed animals every day. Emma spends much time** with those animals. She knows how to change a bandage and wash

---

* *to heal:* soigner

** *to spend time:* passer du temps

those poor beasts. But there is one animal she loves more: her cat. She found[7] her in her garden, as she was[1] a kitten*. She named her Bella. The girl immediately knew[16] that she wanted to keep it as her pet**.

Everyday Emma feels that there is something special about that cat. The adorable kitten has tender blue eyes that want to say something to Emma.

* *a kitten:* un chaton

** *as her pet:* comme son animal domestique

## Quel lien unit le chat à Emma ?

**Pour le savoir, coche les bonnes réponses.**

**1. Qui est Emma ?**

**a.** Une jeune fille qui adore les animaux. ☐

**b.** Une jeune employée qui travaille dans un refuge pour animaux. ☐

**2. Dans quelles circonstances a-t-elle trouvé le chaton ?**

**a.** Le chaton était en train de se noyer. ☐

**b.** Le chaton était abandonné dans son jardin. ☐

**→ Lis le corrigé n° 1 page 12.**

### EXPRIMER L'HABITUDE

**Dans la phrase "*They heal and feed animals*", que signifie l'emploi du présent ?**

**a.** Ils sont en train de soigner et de nourrir les animaux.

**b.** Ils ont l'habitude de soigner et de nourrir les animaux.

**Si tu as répondu a. → Va au n° 8.**

**Si tu as répondu b. → Va au n° 6.**

mémo 1

**2**

Faux, *took* est un prétérit. → Refais l'exercice du n° 6.

**3**

Sometimes Thomas spends the entire evening swimming with "Bubbly" in the large pool* close to the sea. That's the name he gave[10] him because he finds

* *a pool:* un bassin

amusing to see all the bubbles* coming from the animal. When Bubbly sings, Thomas tries to imitate him and Emma can't stop laughing**. They have such a great time together. Only Bella doesn't approach the pool because she hates water, but she looks after*** her mistress. One day Bella even**** jumped into Emma's schoolbag because she didn't[4] want to stay without her.

But one morning Emma's mother told[26] the boy:

– I'm sorry but your dolphin must return to the ocean now. This is his real home, you know. He is not happy here.

But Thomas knows that it isn't true because there is something really special between them. A very special link!

---

* *bubbles:* bulles
** *to laugh*: rire
*** *to look after:* surveiller
**** *even:* même

## Quel est donc ce lien si spécial ?

**Pour le savoir, coche les bonnes réponses.**

**1. Quelle est la relation entre Thomas et le dauphin ?**

**a.** Thomas aime jouer avec le dauphin en l'imitant. ☐

**b.** Le dauphin a peur de Thomas et fait des bulles pour le faire fuir. ☐

**2. Quelle est l'attitude de Bella ?**

**a.** Elle saute dans le bassin pour nager avec le dauphin. ☐

**b.** Elle surveille Emma et n'aime pas être séparée de sa maîtresse. ☐

**→ Lis le corrigé n° 3 page 12.**

### EXPRIMER L'OBLIGATION

**Dans la phrase** *"Your dolphin must return to the ocean now."*, **que veut dire la maman d'Emma ?**

**a.** Le dauphin doit retourner dans l'océan maintenant.

**b.** Le dauphin est autorisé à retourner dans l'océan maintenant.

**Si tu as répondu a. → Va au n° 9.**
**Si tu as répondu b. → Va au n° 5.**

mémo 6

## 4

Tu t'es trompé(e). → Recommence l'exercice du n° 9.

## 5

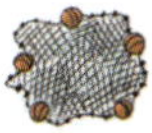

Attention ! Il ne faut pas confondre les modaux *must* et *can*. → Retourne à l'exercice du n° 3.

6

There is a real special link* between the girl and the female cat. Emma can feel what the animal feels; it is like magic. The cat likes Emma's company very much and the young girl thinks that she can understand Bella when she meows**.

She has a very good friend too, in fact her best friend: Thomas. He always comes to the refuge after school. They are in the same class and have the same love for animals. Thomas is very close to*** a dolphin. He helped to save him from the nets**** of the local fishermen the previous summer. The animal was really hurt[14] but the young boy took[25] care of***** him.

There is a special basin in the refuge for the dolphin. Every day Thomas feeds him and pets him with love. The dolphin waits for him and sings when he arrives. It is as if the dolphin says to his friend: "Hello, how

---

* *a link:* un lien
** *to meow:* miauler
*** *to be close to:* être proche de
**** *nets:* les filets
***** *to take care of:* prendre soin de

are you? I'm so happy to see you! Come and play with me!" A same magical link exists between the boy and his dolphin…

### Le dauphin et Thomas partagent-ils le même lien ?

**Pour le découvrir, coche la bonne réponse.**
**Pourquoi Thomas s'occupe-t-il du dauphin ?**

**a.** Il lui a sauvé la vie en le libérant des filets des pêcheurs. ☐

**b.** Il cherchait un petit job et les parents d'Emma lui ont proposé de soigner le dauphin. ☐

→ **Lis le corrigé n° 2 page 12.**

### EXPRIMER UNE ACTION PASSÉE ET TERMINÉE

**Dans la phrase** *"The young boy took care of him."*, **que fait Thomas ?**

**a.** Il s'est occupé du dauphin (quand il a été blessé).

**b.** Il est en train de s'occuper du dauphin.

**Si tu as répondu a. → Va au n° 3.**

**Si tu as répondu b. → Va au n° 2.**

mémo 3

**7**

Bravo ! → Lis la suite au chapitre 2.

**8**

Tu t'es trompé(e) ! Le présent simple ne s'emploie pas pour parler d'une action en cours de déroulement.

→ Retourne à l'exercice du n° 1.

9

That link is in fact incredible. When Thomas is excited or nervous, he can swim as quickly as the dolphin. And he can hold his breath* for a very long time too! Because Emma is very close to Bella too, she can see in the dark. But she has to** have strong emotions!

Everything is perfect except for the refuge. In fact the parents don't earn*** much money because no one pays them when they take care of the animals. It is very difficult for them to find enough**** money to buy animal food and medicine. Sometimes people come to adopt an animal and some offer money to the refuge. But Emma's parents know that it isn't enough. They asked their bank for a loan*****. The bank refused because they don't earn much money. They are desperate. They know they must sell****** the refuge. But the children don't want to think about it. For them it is impossible to leave the refuge and abandon all the animals that live there. Emma and Thomas keep telling******* the parents that they must

---

* *to hold one's breath:* retenir son souffle

** *to have to:* devoir

*** *to earn:* gagner de l'argent

**** *enough:* suffisamment

***** *a loan:* un prêt

****** *to sell:* vendre

******* *to keep telling:* continuer à dire

not sell the refuge. The two young want to find another solution. But which one*?

**Vont-ils trouver une solution ?**

**Pour le découvrir, coche la bonne réponse.**

**Que peut faire Thomas quand il est excité ou énervé ?**

**a.** Thomas peut voir dans le noir. ☐

**b.** Thomas peut retenir son souffle très longtemps dans l'eau et nager très vite. ☐

→ Lis le corrigé n° 4 page 12.

Emma a le même pouvoir que son chat.

**Recopie les mots qui le montrent.**

**C'est ton PREMIER INDICE.**

**N'oublie pas de le noter sur ta page-indices page 93.**

## EXPRIMER LA CAPACITÉ

**Dans la phrase** *"Emma can see in the dark"*, **qu'arrive-t-il à Emma ?**

**a.** Emma a terriblement peur du noir.

**b.** Emma peut voir dans le noir.

Si tu as répondu a. → Va au n° 4.

Si tu as répondu b. → Va au n° 7.

mémo 7

* *which one:* lequel/laquelle

## Corrigés des questions de compréhension

**1**

**1. a.** Emma est une jeune fille qui adore les animaux.
*Emma Dickinson lives with her parents in a refuge. She is twelve years old. She has a passion: her love for animals.*
**2. b.** Le chaton était abandonné dans son jardin.
*She found her in her garden, as she was a kitten.*

**2**

**a.** Il lui a sauvé la vie en le libérant des filets des pêcheurs.
*He helped to save him from the nets of the local fishermen the previous summer.*

**3**

**1. a.** Thomas aime jouer avec le dauphin en l'imitant.
*Thomas spends the entire evening swimming with "Bubbly". When Bubbly sings, Thomas tries to imitate him.*
**2. b.** Elle surveille Emma et n'aime pas être séparée de sa maîtresse.
*She looks after her mistress. One day Bella even jumped into Emma's schoolbag because she didn't want to stay without her.*

**4**

**b.** Thomas peut retenir son souffle très longtemps dans l'eau et nager très vite.
*When Thomas is excited or nervous, he can swim as quickly as the dolphin. And he can hold his breath for a very long time too!*

# Strange incidents

1

Unfortunately* the situation is not getting better. The parents discovered some days ago that there was[1] no more water. There was an important water leak** somewhere, but where? The problem is that some of the animals cannot live without water like the dolphin in its pool. All the animals need to drink and the cages must be cleaned***! One day without water was okay but Emma's parents couldn't**** find the leak.

"Honey, did[4] you find the water leak?" asked the mother.

"No, I cannot find it. I've looked everywhere. I really don't know where to search."

---

* *unfortunately:* malheureusement
** *a leak:* une fuite
*** *to clean:* nettoyer
**** *could:* prétérit de *can* (pouvoir)

"Did you look in the basement* of the dog's building?"

"No, I forgot[8]. I'll be right back."

After a few minutes, the father came[2] back with a happy face.

"I've found[7] it! But I really don't understand how that leak was even possible! The pipe** was not worn out*** but cut[3]! But how could it be possible?"

* *a basement:* un sous-sol
** *a pipe:* un tuyau
*** *worn out:* usé

## Qui a saboté l'arrivée d'eau ?

**Pour le savoir, coche les bonnes réponses.**

**1. Quel est le problème avec l'eau ?**

**a.** Le refuge a été inondé et les animaux risquent de se noyer. ☐

**b.** Il n'y a plus d'eau. ☐

**2. Que découvre le père d'Emma ?**

**a.** Le tuyau d'arrivée d'eau a été coupé. ☐

**b.** Les chiens ont déchiqueté les tuyaux. ☐

**→ Lis le corrigé n° 1 page 22.**

### EXPRIMER LA QUANTITÉ

**Dans la phrase** "*There was no more water.*", **que découvrent les parents ?**

**a.** Il y a plus d'eau que nécessaire.

**b.** Il n'y a plus d'eau du tout.

**Si tu as répondu a. → Va au n° 6.**

**Si tu as répondu b. → Va au n° 7.**

mémo 10

**2**

Bravo ! → Tu peux te rendre maintenant au chapitre 3.

**3**

Tu t'es trompé(e) ! *Whose* n'indique pas la raison d'une action. → Retourne à l'exercice du n° 4.

4 

There is a crack coming from the technical room. Emma is afraid, really afraid… and suddenly she can see into the dark like Bella. She asks very quietly:

"Can you see the silhouette coming out of* the room and walking toward** the exit of the refuge?"

"No, I can't see anything!" answers Thomas, frustrated.

She knows all the employees but she doesn't recognize*** that silhouette. Emma and Thomas follow that person and she finally sees that it is a man. She really doesn't know him.

He is now walking toward a red Mercedes that is parked on the road. They quickly hide**** because they don't want to be seen by the man but Emma can see the car license plate*****.

She is really afraid but she finds the courage to take a small piece of paper from her pocket and Thomas gives her a pen. She writes down the number. She

---

* *to come out of:* sortir de
** *toward(s):* vers
*** *to recognize:* reconnaître
**** *to hide:* se cacher
***** *a license plate:* une plaque d'immatriculation

knows they are going to need* it. Then they quickly walk back to the pool. After a few minutes, Emma says:

"We must not say anything to my parents. Promise me. I don't want to worry** them."

"Yes, I promise," answers Thomas.

"Now, we must discover whose car it is***."

"Good idea! Let's investigate****! But how are we going to do it?"

---

* *to need:* avoir besoin de
** *to worry:* inquiéter
*** *whose car it is:* à qui est la voiture
**** *to investigate:* mener l'enquête

## Comment vont-ils s'y prendre pour mener l'enquête ?

**Si tu veux le découvrir, coche la bonne réponse.**

**Qu'est-ce qu'Emma réussit à voir dans l'obscurité ?**

**a.** L'ombre du local technique. .................................................... ☐

**b.** Une silhouette sortant du local technique. ........................ ☐

→ **Lis le corrigé n° 3 page 22.**

Qu'est-ce qu'Emma recopie sur un morceau de papier ?

**Recopie les mots qui le désignent.**

..........................................................................................

**C'est ton DEUXIÈME INDICE.**

**N'oublie pas de le noter sur ta page-indices page 93.**

### *WHOSE* ET LA POSSESSION

**Dans la phrase** *"We must discover whose car it is."*, **que doivent découvrir Emma et Thomas ?**

**a.** À qui appartient la voiture.

**b.** Pour quelle raison la voiture a été garée sur la route.

**Si tu as répondu a. → Va au n° 2.**

**Si tu as répondu b. → Va au n° 3.**

mémo 14

**5**

Attention ! *When* signifie « quand ».

→ Refais l'exercice du n° 7.

**6**

Tu t'es trompé(e) ! *No* n'exprime pas la présence de quelque chose ou de quelqu'un. → Retourne à l'exercice du n° 1.

7

They tried to fix* the leak but they were[1] not able to. They called for a plumber who asked for a lot of money to repair it. When the parents asked the plumber what happened, he said[20]:

"Somebody did it."

"What? But who? We trust** our employees… Somebody else cut the pipe. Do you think somebody wants to ruin the refuge?" the mother said very anxious.

"Well, I hope not***."

* *to fix:* réparer
** *to trust:* faire confiance
*** *I hope not:* j'espère bien que non

But, unfortunately, the problems did not stop: the refuge was plunged into darkness* because of** an abnormal blackout***. This was a catastrophe!

"How are we going to filter the water of the pool or of the aquarium? Some fragile species cannot be kept[15] cold and can suffer very much!" exclaimed the mother.

"I know, honey. We must call an electrician and I know he is going to ask for a fortune too!"

Everyone is desperate! How can they save the refuge if they must spend their money on repairs only?!

And, unfortunately the strange phenomena do not stop. This evening as the night is dark, Emma and

---

* *darkness:* l'obscurité
** *because of:* à cause de
*** *blackout:* coupure de courant

Thomas are close to the dolphin's pool. Bubbly is calmly swimming while* the two young are talking. Suddenly they hear a strange noise. What can it be?

## Quel est ce bruit étrange ?

**Pour le deviner, coche les bonnes réponses.**

**1. Après la fuite d'eau, que se passe-t-il d'autre de grave au refuge ?**

**a.** Il n'y a plus de courant électrique. ☐

**b.** Une explosion a plongé tout le refuge dans le noir. ☐

**2. Que vont devoir faire les parents d'Emma ?**

**a.** Réparer eux-mêmes le problème électrique. ☐

**b.** Faire venir un électricien. ☐

→ **Lis le corrigé n° 2 page 22.**

### LES MOTS INTERROGATIFS

**Dans la phrase** "*When the parents asked the plumber what happened*", **que signifient les mots interrogatifs *when* et *what* ?**

**a.** *when = quand* et *what = que, qu'est-ce que*

**b.** *when = où* et *what = pourquoi*

**Si tu as répondu a. → Va au n° 4.**

**Si tu as répondu b. → Va au n° 5.**

mémo 13

---

* *while:* pendant que

## Corrigés des questions de compréhension

**1**

**1. b.** Il n'y a plus d'eau.

*There was no more water.*

**2. a.** Le tuyau d'arrivée d'eau a été coupé.

*The pipe was cut.*

**2**

**1. a.** Il n'y a plus de courant électrique.

*The refuge was plunged into darkness because of an abnormal blackout.*

**2. b.** Faire venir un électricien.

*They must call an electrician.*

**3**

**b.** Une silhouette sortant du local technique.

*... the silhouette coming out of the room...*

# The scary* man

1 

The next day, as Emma comes into the kitchen, she hears her mother on the phone.

"Hello… hello?! The answering machine** again! They refuse to answer! I really don't understand why… Are you sure we paid[18] the last*** bill****, honey?"

"Yes, I'm sure of it," answers Emma's dad.

"What's wrong, Mom?"

---

* *scary:* qui fait peur
** *an answering machine:* un répondeur
*** *last:* dernier(ère)
**** *bill:* facture

"The deliveryman* for the animal food didn't[4] come and I cannot get him on the phone! How are we going to feed** the animals now? This is a catastrophe, really!"

Emma understands that the situation is serious and decides to act***. She takes the phone to her bedroom and calls Thomas.

"Hi Thomas. The situation is getting worse**** here. We must do something! My parents didn't receive the food for the animals and I know that our friend Steve is the deliveryman's son. Let's meet at his place in an hour."

---

* *the deliveryman:* le livreur
** *to feed:* nourrir
*** *to act:* agir
**** *to get worse:* empirer

## Steve va-t-il pouvoir les aider ?

**Pour le découvrir, coche les bonnes réponses.**

**1. Pourquoi les parents d'Emma sont-ils très embêtés ?**

**a.** Les animaux refusent de manger. ☐

**b.** La personne qui leur livre habituellement la nourriture pour les animaux ne leur a rien livré. ☐

**2. Que décident de faire les deux enfants ?**

**a.** Ils décident d'aller chercher la nourriture eux-mêmes. ☐

**b.** Ils connaissent le fils du livreur et veulent lui rendre visite. ☐

→ **Lis le corrigé n° 1 page 32.**

### EXPRIMER UNE ACTION EN COURS

**Dans la phrase** *"Hi Thomas. The situation is getting worse here."*, **que veut dire Emma ?**

**a.** La situation empire de plus en plus.

**b.** La situation est toujours mauvaise.

**Si tu as répondu a. → Va au n° 7.**

**Si tu as répondu b. → Va au n° 5.**

mémo 2

**2** 

Ce n'est pas la bonne réponse ! Le déterminant démonstratif se place avant le nom qu'il qualifie.

→ Retourne à l'exercice du n° 4.

3

Bravo ! → Rends-toi au chapitre 4 pour lire la suite.

4

The two young really don't know what to do. When they are back to the refuge, Emma can hear her mom cry*. She runs to the living room and sees her dad comforting** her.

"Don't worry, honey. We're going to find a solution."

"But how can we run*** the refuge without that precious material? It was[1] in the technical room. I know it because I put[19] it there."

"What are you talking about, Mom?"

"I went[11] to the technical room a few minutes ago and discovered that all the medicine and the medical equipment weren't[1] there anymore. We just cannot heal the animals without them! We must close the refuge!"

"No, Mom. I know that we are going to find a solution! There must be a solution!"

Emma discreetly invites Thomas into her bedroom. They carefully close the door of the room.

---

* *to cry:* pleurer
** *to comfort:* réconforter
*** *to run:* tenir un commerce, faire fonctionner

"Okay, now we know that the man with the red Mercedes is the thief*. He stole[23] our medical equipment and scared** Steve's dad," says the girl.

"Yes, but we don't know who he is."

"Or who he is working for," adds Emma. "We have to discover it… very quickly!"

"Well, let's meet here after school. We must decide how to proceed."

---

* *a thief:* un voleur

** *to scare:* faire peur

## Quelle tactique vont suivre les deux enfants ?

**Si tu veux le savoir, coche la bonne réponse.**

**Qu'est-ce que les enfants veulent découvrir ?**

**a.** Où se trouve la Mercedes rouge. ☐

**b.** Pour qui travaille l'homme qui possède la Mercedes rouge. ☐

→ **Lis le corrigé n° 3 page 32.**

Qu'est-ce qui a disparu du local technique ?

**Recopie les mots qui désignent les objets qui ont disparu.**

**C'est ton TROISIÈME INDICE.**

..............................................................................

**N'oublie pas de le noter sur ta page-indices page 93.**

### LES DÉTERMINANTS DÉMONSTRATIFS

**Dans la phrase** *"But how can we run the refuge without that precious material?"*, **à quoi fait référence *that* ?**

**a.** Au refuge. **b.** Au matériel ayant de la valeur.

**Si tu as répondu a. → Va au n° 2.**

**Si tu as répondu b. → Va au n° 3.**

mémo 16

**5**

Faux ! Le présent en *be* + *-ing* n'indique jamais une habitude ou un état. → Refais l'exercice du n° 1.

6

Tu t’es trompé(e) ! L’expression *be going to* n’indique pas une action en cours de déroulement.

→ Refais l’exercice du n° 7.

7

When Thomas arrives on his bike, he finds Emma. As they walk toward the front door, Steve calls them from his garden.

“Hi, guys. What brings you here*?”

“Hi, Steve. Well, in fact, we are wondering** why your dad didn’t deliver the food to the refuge. Do you know anything about it?” asks Emma.

---

* *What brings you here?:* Qu’est-ce qui vous amène ici ?
** *to wonder:* se demander

"Well, last week I heard[13] my dad talk with a weird* man. He threatened** my dad. "Do not dare*** deliver the food or something bad is going to happen to you and your family!", he said[20]."

"Did you notice anything special about that man?"

"Well, I don't know. Oh, yes, he came[2] with a red Mercedes."

Emma and Thomas look at each other and understand that the silhouette at the refuge and that man are the same person. But who is he?

* *weird:* bizarre
** *to threaten:* menacer
*** *to dare:* oser

## Qui est cet homme menaçant ?

**Afin de le découvrir, coche les bonnes réponses.**

**1. Pourquoi Emma et Thomas se rendent-ils chez Steve ?**

**a.** Steve les a invités pour le repas. ☐

**b.** Steve sait peut-être quelque chose puisque son père est le livreur de nourriture pour animaux. ☐

**2. Qu'est-il arrivé au père de Steve ?**

**a.** Un inconnu l'a menacé. ☐

**b.** L'homme l'a invité à faire un tour dans sa nouvelle Mercedes. ☐

→ **Lis le corrigé n° 2 page 32.**

### EXPRIMER UNE ACTION FUTURE

**Dans la phrase** *"Something bad is going to happen to you and your family."*, **quelle est la menace faite au père de Steve ?**

**a.** Quelque chose de grave est en train d'arriver au père de Steve.

**b.** La famille de Steve va avoir de sérieux ennuis.

**Si tu as répondu a. → Va au n° 6.**

**Si tu as répondu b. → Va au n° 4.**

mémo 4

## Corrigés des questions de compréhension

**1**

**1. b.** La personne qui leur livre habituellement la nourriture pour les animaux ne leur a rien livré.
*The deliveryman for the animal food didn't come.*
**2. b.** Ils connaissent le fils du livreur et veulent lui rendre visite.
*I know that our friend Steve is the deliveryman's son. Let's meet at his place in an hour.*

**2**

**1. b.** Steve sait peut-être quelque chose puisque son père est le livreur de nourriture pour animaux.
*"Do you know anything about it?" asked Emma.*
**2. a.** Un inconnu l'a menacé.
*He threatened my dad.*

**3**

**b.** Pour qui travaille l'homme qui possède la Mercedes rouge.
*We don't know who he is. Or who he is working for.*

# 4

# The mysterious link

1

"We must discover who that man is," says Thomas.

"Yes, I know. Maybe we can try to follow* the red Mercedes and discover its owner**."

"How do you want to follow a car? Even with our bikes it is going to be difficult. We must be very careful*** not to be seen[21]."

"Well, you're right… then we must…"

They suddenly hear a sound from the ceiling****.

"What was[1] it?" asks Emma, a little bit afraid.

"I don't know. I think that it came[2] from the attic*****."

---

* *to follow:* suivre
** *the owner:* le propriétaire
*** *be careful:* faire attention
**** *the ceiling:* le plafond
***** *the attic:* le grenier

“Let’s go and check,” says Emma.

Because they don’t want to draw the parents’ attention*, they don’t turn on the light. Since** Emma is a little afraid she can see in the dark. Thomas cannot see, so Emma takes his hand to catch him. And then, what a surprise! The boy cannot believe it. How can it be possible?

“Keep holding*** my hand, Emma. It is so amazing****!”

---

* *to draw someone’s attention:* attirer l’attention de quelqu’un
** *since:* étant donné
*** *to keep holding:* continuer à tenir
**** *amazing:* incroyable

## Qu'arrive-t-il à Thomas ?

**Pour le savoir, coche les bonnes réponses.**

**1. Qu'est-ce que les enfants entendent ?**

**a.** Une souris qui court sur le plancher du grenier. ☐

**b.** Un bruit inquiétant. ☐

**2. Que décident de faire les enfants ?**

**a.** De se rendre dans le grenier pour découvrir ce qu'est ce bruit. ☐

**b.** De rester dans la chambre d'Emma car ils ont trop peur. ☐

→ **Lis le corrigé n° 1 page 41.**

### LES DÉTERMINANTS POSSESSIFS

**Dans la phrase** *"We can try to follow the red Mercedes and discover its owner."*, **à qui ou à quoi fait référence *its* ?**

**a.** À la voiture. **b.** Aux deux enfants.

**Si tu as répondu a. → Va au n° 7.**

**Si tu as répondu b. → Va au n° 5.**

mémo 15

**2**

C'est faux ! *What* ne fait jamais référence à un lieu.

→ Refais l'exercice du n° 7.

**3**

Bravo ! → Tu peux te rendre au chapitre 5.

4

As Emma touches her cat, she sees some documents.

"Look, Thomas. There are old sheets of paper* here. What are they?"

At that moment, Bella disappears. Then Emma understands that her cat wanted her to look at the documents. The two young start looking and then Emma finds an old letter. It is all yellow and the handwriting** is difficult to understand.

"I don't know why but that letter seems weird".

"Why?" asks the boy.

"Because some words are missing***."

"What do you mean: "some words are missing"?"

"When I try to read it, I can tell that some words are invisible."

"Let me see it!"

---

* *a sheet of paper:* une feuille de papier
** *the handwriting:* l'écriture
*** *to miss:* manquer

Emma gives the letter to Thomas. She is very careful to hold Thomas's hand so* he can still see in the dark.

"You're right. Something is strange about that letter."

"Why don't we go back to my bedroom? It is going to be easier to study that document, isn't it?" offers Emma.

"Yes, that's a brilliant idea!" says Thomas, smiling. "I really want to discover what is wrong with that letter!"

**Que vont-ils découvrir ?**

**Si tu veux le savoir, coche la bonne réponse.**
**Que découvrent les enfants ?**

**a.** Une lettre ancienne. ☐
**b.** De vieux vêtements tout poussiéreux. ☐

→ **Lis le corrigé n° 3 page 41.**

Quelque chose est difficile à comprendre.
**Recopie le mot qui indique ce que les enfants ont du mal à comprendre.**

..........

**C'est ton QUATRIÈME INDICE.**
**N'oublie pas de le noter sur ta page-indices page 93.**

...

* *so:* afin que

## LES QUESTION TAGS

**Dans la phrase** *"It is going to be easier to study that document, isn't it?"*, **qu'est-ce qu'Emma attend de Thomas ?**

**a.** Une confirmation.

**b.** Qu'il ne l'empêche pas de le faire.

**Si tu as répondu a. → Va au n° 3.**

**Si tu as répondu b. → Va au n° 6.**

mémo 20

**5**

Tu t'es trompé(e) ! Le déterminant possessif *its* ne s'emploie jamais pour faire référence à une personne.

→ Retourne à l'exercice du n° 1.

**6**

Ce n'est pas la bonne réponse ! → Retourne à l'exercice du n° 4.

**7**

Emma feels Thomas grasp* her hand.

"What is so amazing?" asks Emma.

"I can see in the dark too. When you hold my hand I can share** your power!"

---

* *to grasp:* saisir

** *to share:* partager

"That's great! We can share our powers when we hold hands! I'm so happy!"

As they push the door of the attic, she can see her cat seated in total darkness on a pile of some old documents.

"What are you doing here, Bella, it's scary here! But thanks to your power, I can see in the dark!"

"I'm sure that your cat is responsible for the noise."

"Yes, maybe*," answers Emma.

Bella doesn't move and when Emma comes closer, she starts meowing.

"What's wrong, Bella?" asks the girl.

* *maybe:* peut-être

The cat doesn't move and looks into Emma's eyes. The pet seems to want to say something to the girl.

"What do you want to tell me?"

Bella meows once again and jumps from the pile. She comes against* Bella's legs and purrs** for a long minute.

"That's strange. What does she want to tell me?"

Qu'est-ce que Bella veut faire comprendre à Emma ?

**Pour le découvrir, coche les bonnes réponses.**

**1. Qu'est-ce qu'Emma découvre dans le grenier ?**

**a.** Plein de toiles d'araignée. ........ ☐

**b.** Sa chatte Bella. ........ ☐

**2. Quel est le comportement de Bella ?**

**a.** Elle se cache derrière une pile de livres. ........ ☐

**b.** Elle miaule pour attirer l'attention d'Emma. ........ ☐

**→ Lis le corrigé n° 2 page 41.**

* *against:* contre

** *to purr:* ronronner

## LES QUESTIONS EN *WH-*

**Dans la phrase** *"What are you doing here, Bella?"*, **à quoi fait référence *what* ?**

**a.** Au lieu où va Bella.

**b.** À ce que fait Bella.

**Si tu as répondu a. → Va au n° 2.**

**Si tu as répondu b. → Va au n° 4.**

mémo 13

## Corrigés des questions de compréhension

**1**

**1. b.** Un bruit inquiétant.

*They suddenly hear a sound from the ceiling.*

**2. a.** De se rendre dans le grenier pour découvrir ce qu'est ce bruit.

*"Let's go and check," says Emma.*

**2**

**1. b.** Sa chatte Bella.

*As they push the door of the attic, she can see her cat.*

**2. b.** Elle miaule pour attirer l'attention d'Emma.

*Bella meows once again.*

**3**

**a.** Une lettre ancienne.

*Emma finds an old letter.*

# 5

# The great discovery

1 

Once back* in Emma's bedroom, the two young start looking closely at the letter. It doesn't seem to be too old, maybe seventy or eighty years old. The handwriting is nice but difficult to read.

"I think it is a letter from my great-grandfather**," says Emma.

"Why?"

"Because the signature looks like his first name, William. There is also the word *war* and I know that he lived during the Second World War***."

"It's really difficult for me to understand his handwriting."

---

* *once back:* une fois de retour
** *great-grandfather:* arrière-grand-père
*** *Second World War:* Seconde Guerre Mondiale

"For me too, but there are important words I can understand. Look here: *I needed* to hide**...*"

"What did[4] he need to hide?"

"I don't know. I can't read the word that comes after. It is invisible."

Emma gives the letter to Thomas. He tries to see something but at the place of the word there is a blank***.

"That's weird," says Thomas. "And look here, it is the same thing: *...on my boat, I put*[19] *my... to protect it from the...*"

"Okay, he speaks about a boat and something to hide. What can it be?"

---

* *to need :* avoir besoin
** *to hide:* cacher
*** *a blank:* un vide, un trou

## Vont-ils réussir à déchiffrer la lettre ?

**Pour le savoir, coche les bonnes réponses.**

**1. Pourquoi Emma et Thomas ont-ils du mal à lire la lettre ?**

**a.** Parce que l'eau a endommagé la lettre. ........ ☐

**b.** Parce qu'ils ont du mal à comprendre l'écriture de l'arrière-grand-père. ........ ☐

**2. Qu'y a-t-il de surprenant au sujet de cette lettre ?**

**a.** Certains mots n'apparaissent pas. ........ ☐

**b.** L'ancêtre a oublié d'écrire certains mots. ........ ☐

→ **Lis le corrigé n° 1 page 52.**

### EXPRIMER LA POSSESSION

**Dans la phrase** "*Once back in Emma's bedroom*", **quelle est la signification du 's ?**

**a.** la contraction de *is*. **b.** la marque de la possession.

**Si tu as répondu a. → Va au n° 6.**

**Si tu as répondu b. → Va au n° 5.**

mémo 14

**2**

Faux ! Il s'agit d'un impératif. → Retourne à l'exercice du n° 8.

**3**

Thomas really tries to see if there isn't anything written in those blanks. Because Emma's bedroom hasn't got[9] much light, he comes closer to her lamp. He holds the letter very close to the light bulb* and its heat**. And then… something weird happens.

"Look, Emma…look!"

"What?"

"See? The missing words… they are appearing!"

"Wow! This is amazing. I can't believe*** it!"

"I know that technique," explains Thomas. "When you want to write an invisible text, you use lemon juice. You take an old pen and use the lemon juice like normal ink****. If you want to read it you must heat the juice that is on the paper and the words will appear. This is what your great-grandfather did."

"I didn't know that technique. It's funny. Now we can read every word," says Emma, happily.

"Yes, look: *I needed to hide my fortune*. His fortune? He talks about a treasure then?" exclaims Thomas.

"Yes! Keep reading. I want to know the rest!"

---

* *a light bulb:* une ampoule
** *heat:* la chaleur
*** *to believe:* croire
**** *ink:* encre

## S'agirait-il vraiment d'un trésor caché ?

**Si tu veux le découvrir, coche les bonnes réponses.**

**1. Que fait Thomas pour mieux lire la lettre ?**

**a.** Il l'approche de la lampe. ☐

**b.** Il la plonge dans du jus de citron. ☐

**2. Que se passe-t-il avec la chaleur ?**

**a.** La lettre prend feu. ☐

**b.** Les mots invisibles apparaissent. ☐

**→ Lis le corrigé n° 3 page 52.**

### EXPRIMER UNE QUANTITÉ

**Dans la phrase** *"Emma's bedroom hasn't got much light."*, **quelle est l'information donnée au sujet de la lumière ?**

**a.** Il n'y a pas assez de lumière.

**b.** La chambre est trop éclairée.

**Si tu as répondu a. → Va au n° 8.**

**Si tu as répondu b. → Va au n° 9.**

mémo 10

**4**

Tu t'es trompé(e) ! *It* ne peut reprendre qu'un nom, pas un verbe ! → Retourne à l'exercice du n° 5.

**5**

Emma and Thomas are a little desperate because they don't succeed in* understanding the letter. They

* *to succeed in:* réussir à

know there is something important about it. They decide to copy it with their own handwriting. But there are some words that they can hardly* understand.

"Can you read that word here?" asks Thomas.

"Well, I think it is *coins.* Coins like money?"

"And here, what do you read?"

"I think it is *storm***," answers Emma.

"So we know it happened during World War 2. He took[25] a boat to protect something… maybe some money. He talks about a storm. Was[1] there a storm when he was on the boat?"

"I don't know, I really don't know. It is so frustrating!"

"Look here, do you read *depth**** like me?" asks Thomas.

"Well, I think so. But the depth of what? The word after is invisible again. I am sure that something is written[27] in those blanks but how can we discover those secret words?" wonders Emma.

---

* *hardly:* à peine
** *a storm:* un orage
*** *depth:* profondeur

## Vont-ils percer l'énigme de la lettre ?

**Afin de le découvrir, coche les bonnes réponses.**

**1. De quoi semble parler l'arrière-grand-père ?**

**a.** Des différents coins des pièces de sa maison. ☐

**b.** De pièces de monnaie. ☐

**2. Que semblait faire cet homme au moment de l'orage ?**

**a.** Il semblait être dans une barque. ☐

**b.** Il faisait de la plongée sous-marine pour découvrir les profondeurs de l'océan. ☐

**→ Lis le corrigé n° 2 page 52.**

### LES PRONOMS PERSONNELS COMPLÉMENTS

**Dans la phrase** *"They don't succeed in understanding the letter. They decide to copy it."*, **à quoi fait référence le mot *it* ?**

**a.** Il reprend la lettre. **b.** Il reprend l'idée de succès.

**Si tu as répondu a. → Va au n° 3.**

**Si tu as répondu b. → Va au n° 4.**

mémo 17

**6**

Ta réponse est fausse ! Emma n'est pas une chambre à coucher ! → Refais l'exercice du n° 1.

**7**

Bravo ! → Tu peux te rendre maintenant au chapitre 6

8

The war was on the island. London was bombed. I needed to hide my fortune from the enemies. I put all my money on my boat during the night and decided to hide it in a cave*. But there was a storm that night and my boat sank[22] inside the cave. I swam[24] in the ocean to come back home but my fortune fell[6] down into the depth of the cave. It was very deep** there. I could not dive*** to get my fortune back because I could not hold my breath**** long enough. I'm afraid my fortune is lost[17] forever*****!

"Wow! I can't believe it! A treasure! Can you imagine, Thomas? A treasure!"

"Yes! With that treasure, we can save the refuge! We must find it!"

---

* *a cave:* une grotte
** *deep:* profond
*** *to dive:* plonger
**** *to hold my breath:* retenir mon souffle
***** *forever:* pour toujours

"We have a bark close to the dolphin pool. We can take it and row* to the cave."

"Do you know where the cave is?"

"My great-grandfather drew[5] a quick map** in the corner of the letter, look!"

"Great! Let's do it!"

"Yes, but don't say anything to my parents. They will*** worry****. Let's do it this Saturday."

"In three days? It's okay with me! I'm so excited… and afraid too…"

"Why not pay a visit to your uncle, Thomas? He is a policeman, he knows many things."

"That's a good idea. I hope he will be able to help us…"

---

* *to row:* ramer
** *a map:* une carte
*** *will:* indique le futur
**** *to worry:* s'inquiéter

## La police pourra-t-elle aider les enfants ?

**Si tu veux le découvrir, coche la bonne réponse.**
**Qu'est-ce que l'arrière-grand-père transportait dans sa barque ?**

**a.** Des cartes marines. ☐

**b.** Sa fortune pour qu'elle ne lui soit pas prise par les ennemis. ☐

→ **Lis le corrigé n° 4 page 52.**

Quel est le mot qui définit le mieux ce que l'arrière-grand-père a voulu cacher ?
**Recopie le mot qui le désigne.**

.......................................................................

**C'est ton CINQUIÈME INDICE.**
**N'oublie pas de le noter sur ta page-indices page 93.**

### EXPRIMER UN ORDRE

**Dans la phrase** *"Let's do it this Saturday."*, **que veut dire Thomas exactement ?**

**a.** On abandonne le projet samedi.

**b.** Faisons-le samedi.

**Si tu as répondu a. → Va au n° 2.**
**Si tu as répondu b. → Va au n° 7.**

mémo 8

**9**

C'est faux ! Attention à la présence de la négation.
→ Refais l'exercice du n° 3.

## Corrigés des questions de compréhension

**1**

**1. b.** Parce qu'ils ont du mal à comprendre l'écriture de l'arrière-grand-père.

*The handwriting is nice but difficult to read.*

**2. a.** Certains mots n'apparaissent pas.

*Thomas tries to see something but at the place of the word there is a blank.*

**2**

**1. b.** De pièces de monnaie.

*I think it is "coins". Coins like money?*

**2. a.** Il semblait être dans une barque.

*He took a boat to protect something...*

**3**

**1. a.** Il l'approche de la lampe.

*He holds the letter very close to the light bulb and its heat.*

**2. b.** Les mots invisibles apparaissent.

*The missing words...they are appearing!*

**4**

**b.** Sa fortune pour qu'elle ne lui soit pas prise par les ennemis.

*I needed to hide my fortune from the enemies.*

# Looking for information

1

As they had[12] decided the day before, the two young go to pay a visit to Thomas's uncle. When they enter the police station, everyone says hello to them. Then they knock* at the uncle's office door.

"Come in!"

"Hi, Uncle Nick. How are you?"

"Thomas… Emma! Nice to see you. I'm fine and you two?"

"Yes, we're doing great. We would like** to ask you something…" says the boy. "Well, here is a car license plate. We would like to know who the owner is, please."

---

* *to knock:* frapper

** *we would like:* nous aimerions

"Oh, kids, I'm very embarrassed because I am not allowed to* tell you this…"

"Oh, please, it is extremely important Uncle Nick. We will keep it a secret, promise!"

The uncle seats on his chair, takes his head in his hands and remains** silent. After a few long seconds, he says:

"You know that I can get problems if I give you that piece of information…"

"We promise to remain silent!" say Thomas and Emma simultaneously.

"Okay, then. Let me see… that car is a Mercedes and it belongs to*** Mr..."

* *to be allowed to:* avoir la permission de

** *to remain:* rester

*** *to belong to:* appartenir à

## À qui appartient cette mystérieuse Mercedes ?

**Pour le savoir, coche les bonnes réponses.**

**1. Qu'est-ce que Thomas et Emma demandent à l'oncle ?**

**a.** S'ils peuvent lui révéler leur secret au sujet de la lettre trouvée. ☐

**b.** S'il peut leur dire à qui appartient la Mercedes rouge. ☐

**2. Que leur répond le policier ?**

**a.** Il n'est pas autorisé à le faire. ☐

**b.** Il peut tout faire car il a tous les droits. ☐

**→ Lis le corrigé n° 1 page 64.**

### EXPRIMER UN SOUHAIT

**Dans la phrase** *"We would like to ask you something."*, **quelle est la demande des enfants ?**

**a.** Ils veulent lui demander quelque chose.

**b.** Ils souhaiteraient lui demander quelque chose.

**Si tu as répondu a. → Va au n° 5.**

**Si tu as répondu b. → Va au n° 8.**

mémo 5

**2**

Non, il ne s'agit pas d'une question. → Refais l'exercice du n° 8.

3

The woman closes her notebook and says:

"There is a new project too. There is going to be a prestigious resort*. Well, it is not official but I know that Mr. Dustery will buy the animal refuge. Do you know it? It's a very nice place but the owners want to sell it."

"WHAT?!" exclaims Emma, shocked.

"Yes, he wants to build a luxurious hotel with a swimming pool, a beautiful spa and a golf."

"No way**! That can't be!" whispers*** the girl. Then she says out loud****: "Do you know when that project is going to start?"

"Well, very soon*****. I think Mr. Dustery will buy the land very quickly now."

"Oh, really? Well, thank you for that information. Have a nice day."

"You too. Bye kids!"

The two young leave the real estate agency. They are completely desperate. Thomas looks at Emma.

---

* *a resort:* un hôtel
** *no way:* pas question
*** *to whisper:* murmurer
**** *out loud:* à haute voix
***** *soon:* bientôt

Her eyes are wet*.

"What are we going to do, Emma?"

"I don't know… I really don't know."

"Well, I think that we must find the treasure as soon as possible**."

"You're right. Let's go and find it tonight!"

"Tonight? Are you sure it isn't too dangerous?"

"Do we have a choice?"

* *wet:* humide

** *as soon as possible:* aussi vite que possible

## N'ont-ils pas d'autre choix que de trouver le trésor ?

**Pour le savoir, coche la bonne réponse.**

**Qu'est-ce que M. Dustery a l'intention de faire ?**

**a.** Construire un grand supermarché. ☐

**b.** Construire un hôtel luxueux. ☐

**→ Lis le corrigé n° 4 page 64.**

Quel est le mot qui définit le projet immobilier de l'agent immobilier ?

**Recopie le mot qui le désigne.**

..........................................................

**C'est ton SIXIÈME INDICE.**

**N'oublie pas de le noter sur ta page-indices page 93.**

### EXPRIMER L'OBLIGATION

**Dans la phrase** *"We must find the treasure."*, **que veut dire Thomas ?**

**a.** Ils doivent trouver le trésor.

**b.** Ils peuvent trouver le trésor.

**Si tu as répondu a. → Va au n° 9.**
**Si tu as répondu b. → Va au n° 7.**

mémo 6

**4**

Ta réponse est inexacte ! Le terme *thing* signifie « chose ».

→ Retourne à l'exercice du n° 6.

## 5

Tu t'es trompé(e) ! *Would like* ne signifie pas *want*.

→ Retourne à l'exercice du n° 1.

## 6

Emma looks at Thomas and thinks for a moment. Then she answers:

"Let's go to the real estate agency of Saint Levan. Maybe we can get some information there."

After taking the bus, they arrive in front of the agency. They enter it. A woman is at the welcome desk*.

"Hello, kids. What can I do for you?"

"Well, we would like to know if there are any real estate projects for our small town."

"Why do you want to know that?"

* *the welcome desk:* l'accueil

The young look at each other to think of an answer and Thomas says:

"It's… for our project… for school."

"Oh, okay then. Let's see what we have."

The woman starts looking in a notebook. Then she says:

"There is going to be a new bakery* close to the train station… the stadium is going to be renovated… well I think that's all."

"Oh, really?" says Emma, disappointed**.

"No, wait! There is something else!"

**De quel projet immobilier s'agit-il ?**

**Si tu veux le découvrir, coche les bonnes réponses.**

**1. Que décident de faire les deux jeunes ?**

**a.** Se rendre à Saint Levan pour se reposer un peu sur la plage. ☐

**b.** Se rendre à l'agence immobilière de la ville. ☐

**2. Que leur indique la femme de l'accueil ?**

**a.** Qu'il n'y a que des projets immobiliers sans intérêt pour les enfants. ☐

**b.** Qu'il y a peut-être quelque chose qui pourrait les intéresser. ☐

**→ Lis le corrigé n° 3 page 64.**

---

* *a bakery:* une boulangerie

** *disappointed:* déçu(e)

### PARLER DE QUELQUE CHOSE OU DE QUELQU'UN

**Dans la phrase** *"There is something else"*, **à quoi fait référence le mot** ***something*** **?**

**a.** à quelqu'un **b.** à quelque chose

**Si tu as répondu a. → Va au n° 4.**
**Si tu as répondu b. → Va au n° 3.**

mémo 11

**7**

Faux ! Tu as confondu *must* avec *can*.

→ Refais l'exercice du n° 3.

**8**

Uncle Nick is interrupted by someone knocking on his door. The young are really impatient.

"Yes, come in."

"Sorry to disturb* you, Nick. Are you coming to the meeting**?"

"Yes, John, I'm coming. I will be there in a second."

His colleague leaves and uncle Nick says:

"Okay, so that car belongs to Mr. Ripley. He works for a very powerful real estate agent***, Mr. Dustery.

---

**to disturb:* déranger
** *a meeting:* une réunion
*** *a real estate agent:* un agent immobilier

Some people told[26] me that that man does his dirty* work…"

"What do you mean?" asks Emma.

"Well, Mr. Dustery is ready to do anything** to get what he wants. He tries to frighten people*** so they will sell**** him their land or their house. He is definitively not a good man. I'm in a hurry now but be careful, kids. Do not get involved in***** anything dangerous, please!"

"No, don't worry, Uncle Nick. Thank you very much."

* *dirty:* sale
** *anything:* n'importe quoi
*** *to frighten people:* faire peur aux gens
**** *to sell:* vendre
***** *to get involved in:* être impliqué dans

As Emma and Thomas leave the police station, the boy says:

"So what is our next step*?"

**Quelle est leur prochaine étape ?**

**Pour le savoir, coche les bonnes réponses.**

**1. Quelle est la réponse du policier à la demande des enfants ?**

**a.** La Mercedes appartient au bras droit d'un agent immobilier. ☐

**b.** La voiture appartient à un agent de la sécurité. ☐

**2. Qui est M. Dustery ?**

**a.** Un agriculteur qui possède de nombreux champs. ☐

**b.** Un agent immobilier peu scrupuleux. ☐

**→ Lis le corrigé n° 2 page 64.**

## EXPRIMER L'INTERDICTION

**Dans la phrase** *"Do not get involved in anything dangerous."*, **que veut dire l'oncle de Thomas ?**

**a.** Il leur ordonne de ne rien faire de dangereux.

**b.** Il leur demande s'ils sont effrayés par le danger.

**Si tu as répondu a. → Va au n° 6.**

**Si tu as répondu b. → Va au n° 2.**

mémo 8

**9**

Bravo ! → Tu peux te rendre maintenant au chapitre 7.

---

* *a step:* une étape

## Corrigés des questions de compréhension

**1**

**1. b.** S'il peut leur dire à qui appartient la Mercedes rouge.
*Here is a car license plate. We would like to know who the owner is, please.*
**2. a.** Il n'est pas autorisé à le faire.
*I am not allowed to tell you this.*

**2**

**1. a.** La Mercedes appartient au bras droit d'un agent immobilier.
*That car belongs to Mr. Ripley. He works for a very powerful real estate agent.*
**2. b.** Un agent immobilier peu scrupuleux.
*Mr. Dustery is ready to do anything to get what he wants.*

**3**

**1. b.** Se rendre à l'agence immobilière de la ville.
*Let's go to the real estate agency of Saint Levan.*
**2. b.** Qu'il y a peut-être quelque chose qui pourrait les intéresser.
*No, wait! There is something else!*

**4**

**b.** Construire un hôtel luxueux.
*He wants to build a luxurious hotel with a swimming pool, a beautiful spa and a golf.*

# 7

# The treasure

1

The night is falling. Emma and Thomas wait in the girl's bedroom. They don't want the parents to discover what they want to do: take the small boat and find the cave… and the treasure.

"Do you think that your parents are sleeping now?" asks Thomas.

"I think so. Let's go now."

The two young silently walk to the pier*. They climb into the boat and they start rowing.

"Do you have the map?" asks Thomas.

"Yes, I have the letter with the map on it."

"Great, let's go!"

They are both very excited. They row and row but

* *the pier:* le quai

the sea is rough*. It is hard to go forward**. They are not sure to be able to find the cave. Thomas took[25] his binoculars*** but the night is so dark that he cannot see anything.

"Can you see something?"

"Well, I'm not sure… I think there is nothing."

"Oh, no… do you think we must go back to the refuge?" asks Emma, sadly****.

* *rough:* agité
** *forward:* vers l'avant
*** *his binoculars:* ses jumelles
**** *sadly:* tristement

## Vont-ils revenir bredouilles ?

**Si tu veux le découvrir, coche les bonnes réponses.**

**1. Que font les deux enfants une fois les parents d'Emma endormis ?**

**a.** Ils vont se promener sur le ponton. ............ ☐

**b.** Ils se rendent sur le ponton pour monter dans la barque du refuge. ............ ☐

**2. Une fois en mer, que voient les enfants ?**

**a.** Des bancs de poissons. ............ ☐

**b.** Rien à cause de l'obscurité. ............ ☐

**→ Lis le corrigé n° 1 page 76.**

### LES PRÉPOSITIONS DE LIEU

**Dans la phrase** *"They climb into the boat."*, **que font les enfants ?**

**a.** Ils descendent du bateau.

**b.** Ils grimpent dans le bateau.

**Si tu as répondu a. → Va au n° 6.**

**Si tu as répondu b. → Va au n° 5.**

mémo 18

**2** 

Ce n'est pas la bonne réponse ! → Retourne à l'exercice du n° 8.

## 3

Because Thomas is very nervous, he can get the dolphin's powers: he can swim very fast and hold his breath for a long time. He starts swimming easily* when he hears Emma's voice behind him.

"Thomas, help me. I'm so tired**. I am going to drown***..."

"Emma! Sorry, I'm coming!"

Thomas goes back to Emma and takes her hand. At that moment, the girl can feel Thomas's powers flow into**** her body.

"Thomas, that's incredible! I've just got[9] your powers. When you hold my hand I can also share your powers. Now I can swim easily! Let's go!"

They swim toward the cave. The water is still rough but their powers help them a lot*****. They finally reach the cave.

"Here we are, Emma. We must dive now. You can hold your breath because I'm holding your hand."

They try to dive but they have to fight against the current. When they are under the water, it becomes

---

* *easily:* facilement
** *tired:* fatigué
*** *to drown:* se noyer
**** *to flow into:* s'écouler à l'intérieur de
***** *a lot:* beaucoup

very hard. Suddenly, Thomas cannot hold Emma's hand anymore. Then the girl starts panicking. What is she going to do?

## Comment va réagir Emma face à la panique ?

**Si tu veux le découvrir, coche les bonnes réponses.**

**1. Que se passe-t-il quand Thomas prend la main d'Emma ?**

**a.** Elle se rend compte qu'elle bénéficie des mêmes pouvoirs que Thomas. ☐

**b.** Il l'aide à rester à la surface. ☐

**2. Que se passe-t-il à cause du courant ?**

**a.** Les enfants s'éloignent de plus en plus de la falaise. ☐

**b.** Thomas n'arrive plus à tenir la main d'Emma. ☐

**→ Lis le corrigé n° 3 page 76.**

...

**LE MODAL *MUST***

**Thomas a dit : "*We must dive now.*" Quelle est la forme négative de cette phrase ?**

**a.** We don't must dive now.

**b.** We mustn't dive now.

**Si tu as répondu a. → Va au n° 9.**

**Si tu as répondu b. → Va au n° 8.**

mémo 6

**4**

Faux ! Il s'agit d'une phrase affirmative, *never* signifie « jamais ». → Retourne à l'exercice du n° 5.

**5**

"Well, then, let's row back home," says Thomas.

Emma feels frustrated and mad. They cannot give up* now!

"Wait, wait," she says… "I think I can see something, a shape**… yes! There is a dark hole*** in the rocks."

"Really?! Are you sure?"

"Yes. I can see the cave but the sea is so rough. I don't know if we can approach it. I don't want the boat to sink. It happened to my great-grandfather. We have to be very careful."

---

* *to give up :* abandonner, laisser tomber

** *a shape:* une forme

*** *a hole:* un trou

"Yes, but what can we do?"

"I think that we must swim."

"What? But the water is cold here."

"I know, but this is the price we must pay if we want the treasure."

"You're right. Let's be courageous and jump into that cold and dark water!"

Thomas takes the anchor* and throws** it into the water. Then they both jump overboard*** but Emma doesn't feel comfortable. It is hard for her to swim because of the current. Thomas is also afraid but he wants to be brave. Then he can feel it…

---

* *the anchor:* l'ancre
** *to throw:* jeter
*** *overboard:* par-dessus bord

## Qu'arrive-t-il à Thomas ?

**Pour le savoir, coche les bonnes réponses.**

**1. Qu'est-ce qu'Emma voit au loin ?**

**a.** Elle aperçoit un bateau échoué sur les rochers. ☐

**b.** Elle perçoit un trou sombre dans la falaise. ☐

**1. Que décident de faire les enfants ?**

**a.** Ils jettent l'ancre et sautent courageusement dans la mer. ☐

**b.** Ils continuent de ramer pour se rapprocher du trou sombre. ☐

**→ Lis le corrigé n° 2 page 76.**

### LES ADVERBES

**Dans la phrase,** *"Thomas is also afraid."*, **que ressent Thomas ?**

**a.** Il a également peur. **b.** Il n'a jamais peur.

**Si tu as répondu a. → Va au n° 3.**

**Si tu as répondu b. → Va au n° 4.**

**6**

Ce n'est pas la bonne réponse ! La préposition *into* n'invite pas à sortir. → Refais l'exercice du n° 1.

**7**

Bravo ! → Tu peux te rendre maintenant au chapitre 8.

8

Emma tries to go back to the surface but the current keeps her under the water. It is very hard for her to hold her breath. Thomas tries to catch her hand but the current pushes him away from* his friend. He swims again and again toward Emma but he can't reach her. He sees that the girl is weaker** and weaker. "I must save her life," he thinks. He tries again and comes closer to her. Then he touches the girl's hand. He swims to the surface. He holds Emma's face*** outside the water so she can breathe.

"Are you okay, Emma?"

"Yes… yes, I'm okay now."

"Are you ready to dive again? I will hold your hand tight****."

"Er… yes… we must find that treasure!"

Courageously, they dive again and swim toward the bottom*****. Suddenly, Emma stretches Thomas's hand to show him something. There is a dark shape.

---

* *to push away from:* repousser
** *weak:* faible
*** *a face:* un visage
**** *tight:* serré
***** *the bottom:* le fond

They swim toward it. Yes, this is a trunk*! They try to hold it but it is too heavy for them. The trunk doesn't move. Thomas frees Emma's hand and invites her to swim back up to the surface. Then the boy concentrates to get the strength of the dolphin. He tries to move the trunk and he finally holds it to the surface.

"You did it, Thomas! That's so great! Let's open it now!"

The locker is so rusty** that it breaks immediately. They open it and discover so many coins!

* *a trunk:* un coffre
** *rusty:* rouillé

## Cet argent va-t-il servir ?

**Pour le découvrir, coche la bonne réponse.**

**Qu'essaye de faire Thomas ?**

**a.** Il plonge sans Emma. ☐

**b.** Il fait de gros efforts pour reprendre la main d'Emma. ☐

→ **Lis le corrigé n° 4 page 76.**

Qu'est-ce que les enfants découvrent au fond de l'eau ?

**Recopie le mot qui le désigne.**

**C'est ton SEPTIÈME INDICE.**

**N'oublie pas de le noter sur ta page-indices page 93.**

### EXPRIMER LA COMPARAISON

**Dans la phrase** *"Emma is weaker than Thomas."*, **qui est le plus faible des deux enfants ?**

**a.** Emma **b.** Thomas

**Si tu as répondu a. → Va au n° 7.**

**Si tu as répondu b. → Va au n° 2.**

mémo 9

**9**

C'est inexact ! Aide-toi du mémo. → Refais l'exercice du n° 3.

## Corrigés des questions de compréhension

**1**

**1. b.** Ils se rendent sur le ponton pour monter dans la barque.
*The two young silently walk to the pier. They climb into the boat and they start rowing.*
**2. b.** Rien à cause de l'obscurité.
*The night is so dark that he cannot see anything.*

**2**

**1. b.** Elle perçoit un trou sombre dans la falaise.
*I think I can see something, a shape... yes! There is a dark hole in the rocks.*
**2. a.** Ils jettent l'ancre et sautent courageusement dans la mer.
*Thomas takes the anchor and throws it into the water. Then they both jump overboard.*

**3**

**1. a.** Elle se rend compte qu'elle bénéficie des mêmes pouvoirs que Thomas.
*The girl can feel Thomas's powers flow into her body.*
**2. b.** Thomas n'arrive plus à tenir la main d'Emma.
*Thomas cannot hold Emma's hand anymore.*

**4**

**b.** Il fait de gros efforts pour reprendre la main d'Emma.
*He tries again and comes closer to her. Then he touches the girl's hand.*

# 8

# The refuge is safe!

1 

Emma and Thomas are at school. The parents are taking care of the animals when three people enter the refuge. There are a woman and two men. They look very strict.

"Mr. and Mrs. Dickinson? We work for the hygiene and security services. We are here to control the refuge. We would like to see every room of the refuge."

The parents look at each other, anxious. Then they show the entire place to the three people. But they don't understand why those services are interested in the refuge now. Last time they came[2], they said[20] that everything was[1] perfect. So, why now?

"We want to see the technical room," asks the woman.

"The technical room? Why? There is nothing interesting for you there…"

"Show me the way*!"

"Okay… okay… follow me, please."

The couple feels that there is something wrong about that visit. What does it really mean?

Que peut signifier cette visite ?

**Pour le découvrir, coche la bonne réponse.**

**Qui rend visite aux parents d'Emma ?**

**a.** Des personnes des services de l'hygiène et de la sécurité. ☐

**b.** Des personnes qui désirent adopter un animal. ☐

➜ Lis le corrigé n° 1 page 86.

**Quel est la dernière pièce que les trois personnes veulent voir ?**

**Recopie le nom qui désigne cette pièce.**

..........

**C'est ton HUITIÈME INDICE.**

**N'oublie pas de le noter sur ta page-indices page 93.**

* *the way:* le chemin

### *THERE IS / THERE ARE*

**Dans la phrase** *"There are a woman and two men"*, **à quoi sert l'expression** ***there are*** **?**

**a.** À compter le nombre de personnes.

**b.** À présenter ce qui suit.

**Si tu as répondu a. → Va au n° 6.**

**Si tu as répondu b. → Va au n° 5.**

**2** 

Ta réponse est fausse ! → Refais l'exercice du n° 3.

**3** 

"Can we see that filter now?" asks the woman, severely.

"Yes, you can…" whispers the father.

"What? Where is the filter? You don't use any filter!" yells the woman.

"I know that it is hard to believe but there was a filter here yesterday. I cleaned* it two days ago."

"How can we believe you?! The place is dangerous for the animals and the people! You must close that refuge. You must do the repairs and clean it before opening it to the public again!"

---

* *to clean:* nettoyer

"What repairs? Everything is correct, isn't it?"

"Correct!" she laughs. "You will find in my report what needs to be fixed."

"It will cost us a fortune!" thinks the father.

The three people do not even* say goodbye and walk toward the exit. The parents are desperate. What can they do to save the refuge now?

As Emma's parents are in the kitchen, someone knocks on the front door**.

"Good afternoon, Mrs and Mr. Dickinson. May I come in? I'm Mr. Dustery. I'm a real estate agent. Can I talk to you?"

* *even:* même
** *the front door:* la porte d'entrée

## Pourquoi cet agent immobilier désire-t-il parler aux parents d'Emma ?

**Pour le découvrir, coche les bonnes réponses.**

**1. Quel est le résultat de la visite des trois personnes des services de l'hygiène et de la sécurité ?**

**a.** Elles sont satisfaites de ce qu'elles ont vu. ☐

**b.** Elles vont faire fermer le refuge jusqu'à ce que les réparations soient faites. ☐

**2. Qui frappe à la porte des Dickinson ?**

**a.** L'agent immobilier qui veut acheter le refuge. ☐

**b.** La personne qui vient faire toutes les réparations. ☐

**→ Lis le corrigé n° 3 page 86.**

### LES RÉPONSES BRÈVES

**Dans le dialogue** *"Can we see that filter now?! asks the woman, severely. – Yes, you can... whispers the father."*, **pourquoi le père répond-il en reprenant le début de la phrase de la femme ?**

**a.** Il est très ému et ne sait plus exactement ce qu'il dit.

**b.** On répond rarement juste par *yes* ou *no* en anglais.

**Si tu as répondu a. → Va au n° 2.**

**Si tu as répondu b. → Va au n° 7.**

mémo 19

**4**

Tu t'es trompé(e) ! *Every* inclut tout. → Retourne à l'exercice du n° 5.

5

As Emma's mother opens the door, she discovers that the materials have been[1] ransacked*.

"Is it how you tidy** the materials? There are even dangerous materials on the floor***! I cannot believe it! I will have to write a report! And it is not good for you!" exclaims the woman.

"No, no! Everything was in perfect order yesterday! I really don't know what happened!"

"I only believe what I see!" says one of the men.

"I assure you that we are very careful," adds the father.

"Well, show us the filter of the pool now."

"The filter… yes, that way, please."

They all walk toward the pool. Mr. Dickinson

---

* *to be ransacked:* être mis sens dessus dessous
** *to tidy:* ranger
*** *the floor:* le sol

opens the small door of the room where the filter is. And then he becomes all pale. "No, that's impossible! NO!" he yells* inside himself**.

**Qu'a découvert le père d'Emma de si catastrophique ?**

**Si tu veux le savoir, coche les bonnes réponses.**

**1. Que découvrent les parents d'Emma quand ils ouvrent la porte du local technique?**

**a.** Tout a été mis sens dessus dessous. ☐

**b.** Quelqu'un a tout bien rangé. ☐

**2. Qu'est-ce que les trois personnes exigent de voir en dernier ?**

**a.** La piscine. ☐

**b.** Le filtre du bassin. ☐

**➜ Lis le corrigé n° 2 page 86.**

### LES COMPOSÉS DE *EVERY*

**Dans la phrase** *"Everything was in perfect order yesterday."*, **que signifie everything ?**

**a.** tout **b.** quelque chose

**Si tu as répondu a. ➜ Va au n° 3.**

**Si tu as répondu b. ➜ Va au n° 4.**

mémo 12

* *to yell:* hurler

** *inside himself:* en lui-même

**6**

Tu t'es trompé(e) ! *There* n'est pas un nombre.

→ Refais l'exercice du n° **1**.

**7**

"I've heard[13] that you have financial problems. So I've decided to help you because I love animals. I can offer you a good price for the refuge," says Mr. Dustery.

"No, we don't want to sell it!" exclaims the mother.

"Honey, I think that we don't have much of a choice*… How much will you offer us, Mr. Dustery?"

"Well, what about…"

The man is interrupted by Emma and Thomas. They are back from school.

"Hi, Mom. Hi, Dad. Thomas and I have something great to tell you!" says Emma very happily.

When the two young see Mr. Dustery, they understand that he came to buy the refuge.

"Mom, Dad, please, do not sell the refuge. We have the solution, we have the money to save the refuge. You, Mr. Dustery, leave that house at once**!" yells Emma.

"But I want to offer you a very interesting amount of money!" exclaims the man.

---

* *to have not much of a choice:* ne pas vraiment avoir le choix

** *at once:* immédiatement

"We will NEVER sell the refuge! Leave now!" say the Dickinsons in a single voice.

Once the man gone[11], Emma and Thomas are all excited. They start telling the story of the great-grandfather's letter and the treasure. The parents are so relieved*.

"We're so happy you found[7] that treasure! says the father. You have just saved the refuge. You know what… we will rename the refuge: Emma and Thomas's den**!"

"Excellent idea!" laughs the mother.

Thomas looks at Emma. They can hear Bella meowing and Bubbly singing in the distance. "Thank you to you two" think the two young in their hearts***.

THE END

* *to be relieved:* être soulagé
** *a den:* une tanière
*** *a heart:* un cœur

Bravo ! Puique tu es allé(e) jusqu'au bout de cette histoire et de ses exercices, nous te proposons de nous envoyer sur le site www.lenigme.com, la liste des indices que tu as écrits page 93 et tu pourras télécharger des surprises. À bientôt pour une nouvelle aventure !

## Corrigés des questions de compréhension

**1**

**a.** Des personnes des services de l'hygiène et de la sécurité.
*We work for the hygiene and security services. We are here to control the refuge.*

**2**

**1. a.** Tout a été mis sens dessus dessous.
*She discovers that the materials have been ransacked.*
**2. b.** Le filtre du bassin.
*Show us the filter of the pool now.*

**3**

**1. b.** Elles vont faire fermer le refuge jusqu'à ce que les réparations soient faites.
*You must close that refuge. You must do the repairs and clean it before opening it to the public again!*
**2. a.** L'agent immobilier qui veut acheter le refuge.
*I'm Mr. Dustery. I'm a real estate agent.*

# Mémo

## Pour t'aider à faire tes exercices

### 1 Exprimer l'habitude

Le **présent simple** permet d'exprimer **l'habitude.**

*She eats at school for lunch.* (Elle mange à l'école le midi.)
*We don't work on Sundays.* (Nous ne travaillons pas le dimanche.)
*Do you like horses?* (Aimes-tu les chevaux ?)

### 2 Exprimer une action en cours

**Le présent en *be + V-ing*** permet d'exprimer le fait qu'une action est **en train de se dérouler.**

*She is swimming.* (Elle est en train de nager.)
*She is not / isn't swimming.* (Elle n'est pas en train de nager.)
*Is she swimming?* (Est-ce qu'elle est en train de nager ?)

### 3 Exprimer une action passée et terminée

Le **prétérit** présente une action terminée qui a eu lieu dans le passé.

*She went with us.* (Elle est venue avec nous.)
*She didn't come with us.* (Elle n'est pas venue avec nous.)
*Did she come with you?* (Est-elle venue avec vous ?)

### 4 Exprimer une action future

L'expression ***be going to*** permet d'exprimer qu'une action qui va avoir lieu dans un futur proche. L'action est planifiée, organisée.

*He is going to deliver the food.* (Il va livrer la nourriture.)
*He is not / isn't going to swim.* (Il ne va pas nager.)
*Is he going to deliver the food?* (Va-t-il livrer la nourriture?)

### 5 Exprimer un souhait

L'expression ***would like*** permet d'exprimer **le désir** ou **le souhait.**

*He would like to swim with Emma.* (Il aimerait nager avec Emma.)
*We would like to help you.* (Nous souhaiterions vous aider.)

## 6 Exprimer l'obligation

Le modal ***must*** est utilisé pour exprimer **l'obligation ou l'interdiction**. Il est invariable et ne peut être suivi que de la base verbale du verbe. Il ne peut être utilisé qu'au présent.

*He must save the dolphin.* (Il doit sauver le dauphin.)
*She must not / mustn't call the police.* (Elle ne doit pas appeler la police.)
*Must we call your parents?* (Devons-nous appeler tes parents ?)

## 7 Exprimer la capacité

Le modal ***can*** est utilisé pour exprimer la **capacité** de faire quelque chose. Il est invariable et ne peut être suivi que de la base verbale du verbe. Il ne peut être utilisé qu'au présent.

*She can swim very fast.* (Elle sait/peut nager très vite.)
*She cannot / can't see in the dark.* (Elle ne peut pas voir dans le noir.)
*Can you help me, please?* (Peux-tu m'aider, s'il te plaît ?)

## 8 Exprimer un ordre ou une interdiction

- L'impératif s'utilise pour donner **un ordre**.

– À la **2e personne du singulier** et **du pluriel** :
*Come with me!* (Viens avec moi ! / Venez avec moi !)
– À la **1re personne du pluriel**, on utilise ***let's*** (= ***let us***) :
*Let's be quiet now!* (Faisons le silence maintenant !)
– ***Let's*** peut être également une façon d'**inviter** quelqu'un à faire quelque chose : *Let's do it this Saturday!* (Faisons-le ce samedi !)

- L'**impératif** construit avec une **négation** exprime **une interdiction**.

*Do not / Don't do it !* (Ne fais pas ça ! / Ne faites pas ça !)

## 9 Exprimer la comparaison

Pour comparer des éléments entre eux, on utilise le comparatif.
**Pour former le comparatif de supériorité** : plus + adjectif + que

| | | |
|---|---|---|
| **Adjectif d'une syllabe** | adjectif + *-er* | *Thomas is taller than Emma.* (Thomas est plus grand qu'Emma.) |
| **Adjectif de 2 syllabes se terminant par -y** | adjectif + *-ier* | *The dog is happier now.* (Le chien est plus heureux maintenant.) |
| **Adjectif de 2 syllabes et plus** | *more* + adjectif | *This car is more comfortable.* (Cette voiture est plus confortable.) |

## 10 Exprimer la quantité

- On emploie les quantifieurs ***some, any, no*** dans les cas suivants :

| | | |
|---|---|---|
| *Some* | exprime la **présence de** quelqu'un ou quelque chose dans une phrase affirmative | *There is some milk in the fridge.*<br>*There are some cookies on the table.* |
| *Any* | s'utilise dans une phrase interrogative pour **demander** s'il y a présence ou non de quelque chose ou quelqu'un | *Is there any milk in the fridge?*<br>*Are there any cookies on the table?* |
| *Any + not* | s'utilise pour dire qu'il y a **absence** de quelque chose ou quelqu'un dans une phrase négative | *There is not/isn't any milk in the fridge.*<br>*There are not/aren't any cookies on the table.* |
| *No* | s'utilise pour dire qu'il y a **absence** de quelque chose ou quelqu'un | *There is no milk in the fridge.*<br>*There are no cookies on the table.* |

- L'expression de la quantité se fait en tenant compte de l'aspect **indénombrable** ou **dénombrable.**

| | |
|---|---|
| **quantité indénombrable**<br>*much* + nom au **singulier** | *There is much light here.*<br>(Il y a pas mal de lumière ici.) |
| **quantité dénombrable**<br>*many* + nom au **pluriel** | *There are many animals in the refuge.*<br>(Il y a beaucoup d'animaux dans le refuge.) |

## 11 Les composés de *some*

Pour parler de **quelque chose ou de quelqu'un**, on emploie les composés de ***some*** : ***something*** (quelque chose), ***someone*** (quelqu'un), ***somebody*** (quelqu'un), ***somewhere*** (quelque part).

*I have something for you.* (J'ai quelque chose pour toi.)

## 12 Les composés de *every*

Pour exprimer l'idée de « **chaque** » **comme un tout**, on utilise les composés de ***every*** : ***everything*** (tout), ***everybody*** (tout le monde), ***everyone*** (chacun), ***everywhere*** (partout).

*Everything is fine.* (Tout va bien.)

## 13 Les questions en *WH-*

Les questions en *WH-* sont introduites par des **mots interrogatifs**.

| | | |
|---|---|---|
| *who* | qui | *Who is in the kitchen?* (Qui est dans la cuisine ?) *Where is Bubbly?* (Où est Bubbly ?) *When is Emma coming back?* (Quand revient Emma ?) *What are you doing?* (Que fais-tu ?) |
| *where* | où | |
| *when* | quand | |
| *why* | pourquoi | |
| *what* | quoi / qu'est-ce que / que / quel | |
| *how* | comment | |

## 14 Exprimer la possession

- Le **possesseur** est **un être animé** (humain ou animal)
  → **possesseur + 'S + objet possédé**
  *This is Emma's letter.* (C'est la lettre d'Emma.)
  *This is Thomas's book.* (C'est le livre de Thomas.)
- Le **possesseur** est au **pluriel** → *This is the parents' refuge.* (C'est le refuge des parents.)
- Le **possesseur** est **un objet** → **objet possédé + *of* + possesseur**
  *This is the window of the house.* (C'est la fenêtre de la maison.)
- Le pronom relatif ***whose*** indique la possession.
  *This is the man whose car is red.* (C'est l'homme dont la voiture est rouge.) *Whose animals are they?* (À qui sont ces animaux ?)

## 15 Les déterminants possessifs

| | | |
|---|---|---|
| *my* | mon, ma, mes | *This is my cat.* (C'est mon chat.) *This is your dolphin.* (C'est ton dauphin.) *This is his car.* (C'est sa voiture. → possesseur masculin et animé) *This is her refuge.* (C'est son refuge. → possesseur féminin et animé) *This is its pool.* (C'est son bassin. → possesseur féminin ou masculin, inanimé ou animal) |
| *your* | ton, ta, tes | |
| *his* | son, sa, ses | |
| *her* | son, sa, ses | |
| *its* | son, sa, ses | |
| *our* | notre, nos | |
| *your* | votre, vos | |
| *their* | leur, leurs | |

## 16 Les déterminants démonstratifs

Les démonstratifs démonstratifs ***this, these, that, those*** permettent **de désigner une personne ou une chose**.

**proche** → *This bike is Steve's.* (Ce vélo est à Steve.)
**éloigné** → *That book is mine.* (Ce livre-là est le mien.)

## 17 Les pronoms personnels compléments

| | | | |
|---|---|---|---|
| *me* | me / m' / moi | *it* | le / la / lui / elle |
| *you* | te / t' / toi | *us* | nous |
| *him* | le / l' / lui | *you* | vous |
| *her* | la / l' / lui | *them* | les / leur / eux |

## 18 Les prépositions de lieu

Certaines prépositions permettent de **se situer dans l'espace**.

- Certaines n'indiquent **aucun mouvement** : *in* (dans), *on* (sur), *under* (sous), *behind* (derrière), *in front of* (devant), *near / next to* (à côté de), *between* (entre), *opposite* (en face de)
- Certaines indiquent **un mouvement** : *into* (dans), *out of* (vers l'extérieur), *up* (vers le haut), *down* (vers le bas), *from* (en provenance de), *across* (à travers), *over* (au-dessus), *through* (à travers)

## 19 Les réponses brèves

- On répond très rarement juste par ***Yes*** ou ***No*** en anglais. On reprend toujours, dans la réponse, **le sujet** ainsi que **le verbe** de la question.
  *– Are you ready now? – Yes, I am.* (– Es-tu prêt maintenant ? – Oui.)
- Quand **un auxiliaire** est utilisé dans la question, **il est repris** dans la réponse brève.
  *– Can she feed the cat? – Yes, she can.*
  (– Peut-elle nourrir le chat ? – Oui.)

## 20 Les question tags

Pour demander une confirmation à une affirmation ou à une négation, on emploie un **question tag**, qui se traduit par « **n'est-ce pas ?** ».

- **Phrase affirmative → question tag négatif** (auxiliaire + ***not*** + pronom personnel sujet)
  *He is coming, isn't he?* (Il vient, n'est-ce pas ?)
- **Phrase négative → question tag positif** (auxiliaire + pronom personnel sujet)
  *You don't take the bus, do you?* (Tu ne prends pas le bus, n'est-ce pas ?)

# Verbes irréguliers

| base verbale | prétérit | participe passé | traduction |
|---|---|---|---|
| 1 **be** | was (sing.)<br>were (pluriel) | been | *être*<br>be born : *naître* |
| 2 **come** | came | come | *venir* |
| 3 **cut** | cut | cut | *couper* |
| 4 **do** | did | done | *faire* |
| 5 **draw** | drew | drawn | *dessiner* |
| 6 **fall** | fell | fallen | *tomber* |
| 7 **find** | found | found | *trouver* |
| 8 **forget** | forgot | forgotten | *oublier* |
| 9 **get** | got | got | *obtenir* |
| 10 **give** | gave | given | *donner* |
| 11 **go** | went | gone | *aller* |
| 12 **have** | had | had | *avoir* |
| 13 **hear** | heard | heard | *entendre* |
| 14 **hurt** | hurt | hurt | *blesser* |
| 15 **keep** | kept | kept | *garder* |
| 16 **know** | knew | known | *connaître* |
| 17 **lose** | lost | lost | *perdre* |
| 18 **pay** | paid | paid | *payer* |
| 19 **put** | put | put | *mettre* |
| 20 **say** | said | said | *dire* |
| 21 **see** | saw | seen | *voir* |
| 22 **sink** | sank | sunk | *couler* |
| 23 **steal** | stole | stolen | *voler, dérober* |
| 24 **swim** | swam | swum | *nager* |
| 25 **take** | took | taken | *prendre* |
| 26 **tell** | told | told | *dire, raconter* |
| 27 **write** | wrote | written | *écrire* |

# Page-indices

# The Refuge in Danger

## de la 6$^e$ à la 5$^e$

Note ci-dessous les indices que tu as trouvés au cours de ta lecture.

**Va vite te connecter sur le site**
**www.lenigme.com**
**pour nous envoyer tes indices,**
**et tu pourras télécharger plein de cadeaux !**

**INDICE 1** ..........................................................................................

**INDICE 2** ..........................................................................................

**INDICE 3** ..........................................................................................

**INDICE 4** ..........................................................................................

**INDICE 5** ..........................................................................................

**INDICE 6** ..........................................................................................

**INDICE 7** ..........................................................................................

**INDICE 8** ..........................................................................................

*Bravo ! Tu as trouvé tous les indices !*

# Table des matières

## Chapitre 5 The great discovery



## Chapitre 6 Looking for information



## Chapitre 7 The treasure



## Chapitre 8 The refuge is safe!



N° éditeur : 10218161 – Linéale – Février 2016
Imprimé en Italie par BONA

# L'ÉNIGME DES VACANCES

## Choisis ton univers !

Historique | FANTASTIQUE | Policier | Aventure | FRISSON | Princesse | Sciences

### du CP au CE1

- Le voleur invisible
- Sophia, princesse de la mer
- Le mystère de la source
- Disparition au pays des poneys

### du CE1 au CE2

- La peur au bout de la laisse
- Mystère au cirque Alzared
- Attention ! Dauphins en danger
- Pas si désert que ça !
- Menace sur Madagascar
- Pirates en péril !
- L'attaque des monstres animaux (Scooby-Doo!)

### du CE2 au CM1

- Le labyrinthe des dragons
- Les fantômes de Glamorgan
- La plage du Prince Blanc
- Le phare de la peur
- Montagne explosive !
- Menaces sur la finale de foot
- Planète dinosaures
- La menace des fantômes (Scooby-Doo!)

### du CM1 au CM2

- Le voleur de papyrus (iPhone iPad)
- Le secret de la jungle
- Le sortilège des loups-garous
- Parfum de vacances
- La carrière interdite
- Feu mystérieux en Australie
- Musiques diaboliques (Scooby-Doo!)
- Drôles d'époques ! 7 HISTOIRES

### du CE2 au CM2

Les Mystérieuses Cités d'or

- T.1 Le secret du tambour sacré
- T.2 À la poursuite du Dragon Jaune
- T.3 Le ventre de Bouddha
- T.4 La révélation

### du CM2 à la 6e

- Le trésor des Templiers
- Panique à la Pop Academy
- La forêt de l'épouvante
- À la recherche de la cité perdue (iPhone iPad)
- Eaux troubles à Venise
- Drôles de familles ! 7 HISTOIRES

### de la 6e à la 5e

- Le secret du Titanic (iPhone iPad)
- Drôle de trafic
- Complot chez les cordons-bleus
- The Refuge in Danger (en anglais)

### de la 5e à la 4e

- Operation Blue Lagoon (en anglais)
- Chute mortelle au Mont-Saint-Michel (iPhone iPad)
- The Captain is Missing! (en anglais)
- Le souffle de l'ange

### de la 4e à la 3e

- Murder in West Park (en anglais)
- The Mark of the Vampire (en anglais) (iPhone iPad)

🎧 Histoire à podcaster sur le site www.lenigme.com

iPhone iPad : Existe en applications pour iPhone et iPad. Disponible sur App Store.